ÉTIENNE EGGIS

VOYAGE

AUX

CHAMPS-ÉLYSÉES

PARIS

VICTOR LECOU, ÉDITEUR

LIBRAIRE DE LA SOCIÉTÉ DES GENS DE LETTRES

1855

VOYAGE

aux

CHAMPS-ÉLYSÉES

PARIS. — TYPOGRAPHIE SIMON RAÇON ET Cᵉ, RUE D'ERFURTH, 1.

ÉTIENNE EGGIS

VOYAGE

AUX

CHAMPS-ÉLYSÉES

PARIS

VICTOR LECOU, ÉDITEUR

LIBRAIRE DE LA SOCIÉTÉ DES GENS DE LETTRES

10, rue du Bouloi, 10

1855

A

ARSÈNE HOUSSAYE

Poëte aux lèvres d'or, maître au cœur simple et bon,
Aimé de la nature et de la poésie,
Votre soleil a mis la flamme à mon charbon :
A vous ce jeune livre où court ma fantaisie.

Si, réglant ses écarts, mon esprit au grand bond
A la beauté du vrai courbe sa frénésie,
Et met à l'amble enfin son galop vagabond ;
Si dans un ciel plus haut ma prose s'extasie,

C'est à vous que je dois ce rassérènement
Où mon idée au mot s'accouple en s'animant,
Et des inactions abdique la pantoufle.

Vous avez rendu l'onde à mes accords lassés,
Vous êtes le fil d'or de mes mots enlacés :
Je ne suis que la flûte et vous êtes le souffle.

ÉTIENNE EGGIS.

VOYAGE

AUX

CHAMPS-ÉLYSÉES

I

Ouverture à grand orchestre.

Les champs Élyséens étaient le paradis des anciens.
Le paradis du monde moderne, c'est Paris.
Et Paris, c'est les Champs-Élysées.
En effet :
Voyez les Champs-Élysées un jour de soleil de printemps, ou un soir d'étoiles et de lune. Le gentilhomme aux fastueux équipages y coudoie l'humble

employé à douze cents francs. La fille d'argent y étale
son insolente toilette à deux pas de la belle et modeste épouse, qu'embellissent encore ses deux beaux
enfants ; le poëte y vient oublier la mansarde, le banquier dérider dans les feuillages son front pâli par
l'atmosphère étroite du cabinet ; tous y viennent
chercher l'air, la lumière, la verdure et le soleil.

Ah ! c'est que, je l'ai dit, Paris est le rendez-vous
du monde, et les Champs-Élysées sont le rendez-vous
de Paris.

Les Champs-Élysées !

Une immense promenade aux branchages touffus.
— Au milieu : une large chaussée où les chevaux de
race d'un millier d'équipages décrivent sur le sol
durci leurs bonds capricieux ; — des deux côtés de
la chaussée : un trottoir immense, puis les gazons et
les arbres où les enfants s'ébattent, où les cafés
chantent, où Polichinelle pleure, où les amis se
donnent rendez-vous du Mississipi ou du Groënland.
— Au bout, du côté de Paris : le palais sombre des
Tuileries avec son jardin magnifique et la place de
la Concorde, la plus belle du monde, où veille sur
les palais la majesté mystérieuse de l'Obélisque de
Louqsor. — A l'autre bout, du côté de Neuilly, ce
poëme de marbre et de gloire qu'on appelle l'Arc-
de-Triomphe de l'Étoile, et qui porte sculptée sur
ses flancs l'épopée de la France.

Le travail de l'homme avec tout ce que l'art sous toutes ses formes a de plus prestigieux, et la nature du bon Dieu avec ses fleurs, ses parfums, ses arbres, ses pelouses et son grand ciel bleu : voilà les Champs-Élysées.

C'est un monde, et je vais le parcourir.

Et je vais vous le raconter, mais en touriste, en artiste vagabond.

J'abhorre les *Guides du voyageur*.

Mais j'adore les voyages fantaisistes, avec le sourire aux lèvres, le soleil et la liberté... d'aller où je veux.

II

Digression.

Nous allons tout à l'heure partir pour les Champs-Élysées, restons un moment aux Tuileries.

L'allée la plus fréquentée est sans contredit celle qui longe la rue de Rivoli ; au bout, près du palais, s'assoient les mères de famille dont les enfants et les bonnes émaillent les allées environnantes ; vers deux ou trois heures de l'après-midi, c'est un spectacle ravissant que cette partie de l'allée avec toutes ces têtes d'enfants rieuses, colorées, bruyantes ; brunes, blondes, châtaignes ; courant, sautant, chantant ; mettant dans leurs jeux toutes les diverses passions qu'ils mettront plus tard dans leur vie. Ah ! que de fois je me suis dit en regardant houler cet océan de jeunes têtes : Pourquoi l'homme ne reste-t-il pas enfant ? il serait meilleur et plus gai.

Vers le milieu de l'allée s'établissent les jeunes femmes qui n'ont encore que l'amour d'un époux, et qui attendent celui d'un enfant. Ici ce n'est plus la tête folle de l'enfant, c'est la beauté radieuse et savante ; ce sont des profils harmonieux et doux, comme la partie féminine de la grande aristocratie française en possède beaucoup.

Madame la duchesse de C... y cache sous le voile l'ovale raphaëlesque de son visage attendri par une expression angélique qui lui donne un charme indéfinissable ; la comtesse V. P. y détache, sur la verdure sombre des feuillages, la tempe harmonieuse et éblouissante de son beau et fier visage, dont deux grands yeux noirs, soleils de jais, font ressortir encore l'éclatante blancheur.

Mais nous retrouverons tout ce monde aux Champs-Élysées ; poursuivons.

III

Suite de la digression.

Au bout de l'allée dont je parle, un escalier de pierre conduit à un monticule où je voulais vous amener et d'où l'œil voit se dérouler dans un magnifique panorama toute l'immense avenue des Champs-Élysées, fermée à l'horizon par le géant de l'Arc-de-Triomphe, qui garde, sentinelle de marbre, les palais de son Empereur.

Des deux côtés du jardin des Tuileries serpente une terrasse ; et c'est au point où les deux embouchures de cette terrasse viennent rejoindre la place de la Concorde que s'élève, de chaque côté de la grande porte du jardin, le monticule dont j'ai parlé.

De ce monticule l'œil embrasse un des plus beaux points de vue qu'on puisse voir rayonner dans une cité.

A droite, les ministères et la rue de la Paix. A

gauche le palais de l'Assemblée législative et les lignes lointaines et planes des quais infinis qui bercent dans leurs bras de marbre le flot paisible et large de la Seine tranquille.

En face, l'avenue de Neuilly bordée de bouquets d'arbres où blanchissent les façades des villas ; la place de la Concorde, immense mosaïque toujours animée, que domine, de toute sa hauteur monumentale et symbolique, l'Obélisque des déserts. Et au fond, à l'horizon, le poëme épique marmoréen de l'Arc-de-Triomphe.

Tout un monde de marbre, de feuillages, de cascades versées par les deux grands jets d'eau, de têtes mâles et féminines, d'équipages armoriés et radieux, de boutiques en plein vent, de cafés, de palais, fourmille, resplendit, tourbillonne au regard extasié du spectateur.

Les soirs d'été, quand la musique militaire a clos sa bruyante symphonie, la foule inonde les Champs-Élysées ; mais les poëtes s'en vont sur ce monticule presque toujours solitaire et silencieux, et là, l'œil perdu dans l'infini des Champs-Élysées qu'embrase une forêt de candélabres de gaz, ils croient voir rayonner à leurs pieds une de ces cités éblouissantes que bâtissent sur le sable impossible des rêves les contours arabes, couchés sous la tente nomade des déserts.

IV

Je reprends.

Il y a à Paris plusieurs parcs magnifiques : le Luxembourg, beau, vaste, artistiquement taillé, mais symétrique et froid ; le Jardin des Plantes, perdu dans les steppes du Paris inhabitable, et qui a ses lions, ses singes et ses plantes rares, mais voilà tout ; les Tuileries, qui font pour ainsi dire partie des Champs-Élysées, et d'autres qui ne valent pas l'honneur d'une mention. Chacun de ces jardins a un monde particulier de promeneurs et reçoit certainement la visite des étrangers oisifs et curieux ; mais ils sont tous trop éloignés du centre de Paris et du vrai Paris qui circule autour du boulevard des Italiens et du palais Royal. On va faire une visite au Jardin des Plantes ou au Luxembourg, comme on va à Asnières ou au parc de Saint-Cloud ; mais le vrai rendez-vous de Paris, le salon de feuillages où se retrouvent tous les Parisiens, depuis ceux qui viennent de la rue Saint-Denis jusqu'à ceux qu'apporte le vapeur des Indes orientales, le parc où, pendant la semaine comme le dimanche, l'immense kaléidoscope de Paris fait passer toutes ses figures, c'est et ce sera toujours les Champs-Élysées.

Pas une toilette, pas un cheval, pas une gloire, pas une excentricité n'a droit d'existence avant d'avoir reçu le baptême de la publicité des Champs-Élysées. Paris fait les réputations, et ce sont les Champs-Élysées qui font les réputations de Paris et du monde.

V

L'Opéra au grand air. — L'Opéra des gueux.

Et d'abord parlons des cafés-concerts.

Les cafés-concerts ne sont pas la partie la moins curieuse des Champs-Élysées. Ils sont un théâtre à double face, où l'étude de mœurs peut vendanger des observations dans le champ des acteurs et dans celui des auditeurs.

Les cafés-concerts ont deux sortes d'auditeurs : ceux qui sont dedans, qui payent et n'écoutent pas; ceux qui sont dehors, qui ne payent pas et regardent.

L'auditoire du dehors est toujours agréablement émaillé de gendarmes et de sergents de ville, qui guettent les filous très à l'aise pour leurs expériences au milieu des admirations absorbées des écouteurs naïfs.

L'auditoire du dehors, — toujours très-nombreux — parce qu'il ne paye pas, — est composé : — du passant, qui jette un coup d'œil et d'oreille et s'en va; — du mélancolique espoir de notre armée d'Afrique, auquel les cinq centimes de rente journalière que lui fait le gouvernement ne permettent pas de cultiver la demi-tasse; — de la bonne d'enfants sans cousin; — du petit rentier, qui, en regardant les robes décolletées des chanteuses, rêve des festins de Sardanapale qui ne cuiront jamais.

L'auditoire du dedans se rencontre partout. Qui est-ce qui ne s'est pas assis une fois dans sa vie aux tables chancelantes d'un café-concert des Champs-Élysées? On entre, on s'assied, on se fait servir une demi-tasse — que l'on ne boit pas — si l'on aime le café; — on lorgne l'une ou l'autre des robes roses qui fleurissent sur l'estrade, — et l'on s'en va. Le dimanche, l'auditoire est ainsi renouvelé d'heure en heure, et la recette doit prendre des proportions hydropiques.

Ces cafés-concerts — comme tous les établissements publics — ont leurs habitués qui se divisent en plusieurs classes.

D'abord les *amis* de ces dames.

Ceux-là ont des favoris rouges en côtelette, un chapeau blanc, une montre, un lorgnon féroce et le verbe haut. Ils garnissent les tables les plus

rapprochées de l'orchestre, appellent les garçons
par leur nom, crient « Chut ! » à ceux qui causent
pendant qu'une de ces dames roucoule, et ap-
plaudissent quand elle a fini. Le maître de l'établis-
sement leur fait crédit, et ils lui tapent sur le
ventre. La seconde classe d'habitués est celle des
jeunes naïfs, qui ont pris en admiration une des
Danaés de l'estrade, laquelle attend son Jupiter en
pêchant la pièce de cent sous d'émoluments fixes à
la ligne de la chanson de *Petit-Pierre*. Les habitués
jeunes-naïfs sont une clientèle sûre, mais peu lucra-
tive.

Ils restent toute la soirée ou toute la journée du
dimanche et ne renouvellent jamais leur consom-
mation qu'ils n'y soient forcés par le garçon.

La troisième classe se compose du commis en nouveautés, qui vient le dimanche montrer ses bottes
vernies ; de la mère bourgeoise, qui vient montrer
sa fille, et de l'observateur cosmopolite qui vient
étudier les auditeurs. Sur une estrade que l'orchestre sépare du public, s'épanouissent en robes
roses les chanteuses où gravitent tous les regards.
Ces pauvres femmes suppléent à la gorge absente
en en montrant plus qu'elles n'en ont. Elles chantent
de tout ce qu'elles peuvent découvrir sans porter
atteinte à la vertu farouche des préposés aux bonnes
mœurs. Il est bien rare de trouver un artiste parmi

ces Rogers fourbus et ces Malibrans pulmoniques de l'Opéra en plein air. Il est impossible d'ailleurs que la voix la plus robuste et la mieux constituée résiste plus de huit jours à l'action mortelle de l'air.

La voix est une plante exotique qui a besoin, pour garder sa splendeur, de l'atmosphère tiède et résistante des salons et des salles de spectacle.

Il y a trois cafés-concerts aux Champs-Élysées : l'un à côté du Palais de l'Industrie, les deux autres en face.

Il y a quelquefois de bons chanteurs comiques dans ces établissements ; mais, s'ils ont réellement du talent et de l'intelligence, ils ne tardent pas à aller se brûler les ailes au feu mortel aussi des rampes des théâtres.

En été, les cafés concerts chantent toute la journée du dimanche, et, les autres jours, à partir de sept heures du soir jusqu'à onze heures.

Le premier de ces établissements que l'on rencontre en venant de la place de la Concorde enjolive le soir sa façade de verres de couleurs, où blanchissent dans le crépuscule les membres étirés de statues de plâtre impossibles.

Le soir des dimanches d'été, les mille becs de gaz de ces cafés chantants, épousés par les innombrables candélabres de la grande avenue, enveloppent le flot noir des promeneurs d'une atmosphère de lumière estompée par la nuit, où s'agite tout un monde de rayons, de murmures et de chants ; c'est un conte des *Mille et une Nuits* qui s'agite vivant dans toutes ses rumeurs et dans tout son éclat.

————

VI

Le plus grand des philosophes.

Devant les cafés-concerts, qui ne vivent que le soir ou la journée du dimanche, trois humbles maisonnettes nomades déroulent, au-dessus des têtes blondes des enfants et des têtes blanches des vieillards, le drame symbolique de la vie et de la société humaine. Là nasille le plus grand des philosophes anciens et modernes, celui qu'écoutait Socrate, celui qu'adorait Charles Nodier, celui que les grands penseurs de tous les âges nomment en se découvrant.

Saluez, messeigneurs, voici Polichinelle. Polichinelle, le grand symbole de la farce du monde, le railleur éternel et jamais proscrit, le fou de l'humanité auquel son roi permet tout, parce qu'il dit tout en riant, tout en riant de tout.

Les Champs-Élysées sont le grand théâtre de Polichinelle. Il y lit, à l'imagination vierge ou blasée de ses auditeurs, le livre sceptique de sa raillerie universelle ; il y fait grimacer, sur l'horizon bleuâtre de ses décors impossibles et fabuleux, le pantalon troué des anomalies humaines, où le diable a mis sa griffe. Polichinelle, c'est la source éternelle de tous les théâtres, de toutes les scènes du monde ; il est seul aussi grand que Shakspeare et Molière, son frère cadet.

Polichinelle a trois palais aux Champs-Élysées :

Le premier s'appelle Guignol Ier ;

Le second, Guignol II ;

Le troisième, Bambochinet.

Celui-ci a voulu se civiliser, et il s'est gâté. Il a doré sa façade d'un demi-mètre, il a mis un rideau à son avant-scène, et il s'est jeté dans le drame raisonnable. Il s'est trompé.

Polichinelle est comme l'amour, ce n'est qu'en déraisonnant qu'il a raison.

VII

Je tombe dans la citation historique.

Je hais les citations historiques.

Quand je vais me promener, c'est pour aller voir le soleil, et j'aime à être léger de corps et d'esprit.

La citation historique est un boulet que l'on s'attache au pied.

L'histoire n'est qu'un grand mensonge. Ce qu'il y a de vrai, ce qu'il y a d'éternellement authentique et prouvé, c'est la chanson des grands feuillages aux brises des printemps, c'est la strophe lumineuse des jeunes rayons qui s'épanouit dans le ciel bleu, c'est le printemps du bon Dieu qui mène la vendange des baisers le long des lèvres rougissantes. Les livres sont des pédants, les lèvres sont des amantes.

Toute la science qu'on recueille dans les livres ne

vaut pas le roman enivré qu'écrivent deux beaux yeux ; les livres sont la grammaire des hommes, incomplète et fausse ; l'amour est le livre de Dieu, où il a écrit le pressentiment du ciel avec les rayons du soleil, les tiédeurs des nuits étoilées et le sourire divin de la bonté et de la bienveillance pour tous. C'est pour cela que je hais les livres et leurs filles ennuyeuses, les citations.

Mais une fois n'est pas coutume, dit la bêtise des nations, et avant de poursuivre notre voyage, je veux vous dire que les Champs-Élysées étaient, en 1616, un vaste terrain avec des prairies, des jardins et quelques vulgaires maisonnettes qui se cachaient sous les herbes.

Marie de Médicis y fit planter, pour son usage particulier, quelques allées qui prirent le nom de Cours-la-Reine.

Cette partie des Champs-Élysées a conservé son nom ; c'est celle qui court le long de la Seine et qui regarde le Champ-de-Mars.

Le marquis de Marigny y ajouta une allée qui conduit au Rond-Point.

Cette allée, qui servait de promenade aux femmes du monde en grand deuil, prit le nom d'Allée-des-Veuves.

Revenons à Polichinelle.

VIII

Grandes dames.

C'est au pied du grand philosophe, à quelques pas en avant de Polichinelle, que viennent resplendir, sur les chaises qui bordent l'avenue, toutes les beautés de tous les mondes parisiens.

De quatre à sept heures, le grand *monde* va au bois, et les équipages de toutes les formes et de tous les rangs sillonnent l'avenue.

La voiture armoriée y transporte sur ses coussins moelleux la nonchalante duchesse de W. aux yeux bleus; la belle Anglaise, lady F., qui a posé son pied, qu'un enfant couvrirait d'une main, dans la poussière de tous les déserts de l'Afrique et dans les herbes de toutes les savanes des deux Amériques; la fière et éclatante comtesse polonaise de W., qui, une nuit de printemps, a pris au ciel deux étoiles

et les a mises dans ses yeux bleus — les étoiles se
croient toujours au ciel, — et mille autres aristocratiques splendeurs féminines, qui restent exprès
sur la terre pour prouver aux sceptiques que la
beauté a réellement existé, — ce dont on ne se
douterait pas aujourd'hui en regardant les hommes. Puis le coupé aux stores baissés y cache un
couple timide et enamouré, — ou du vin de con-
trebande ; le cabriolet y entraîne vers les taillis du
bois de Boulogne deux amis d'hier qui vont mutuellement se brûler la cervelle, parce qu'ils se
sont brûlé la politesse ou les doigts à une bouteille
de champagne imprudemment jetée.

Au milieu de tous ces équipages humbles et fastueux qui recèlent tous un drame, où il y a, comme
dans tous les drames, du rire et des pleurs ; au sein
de cette cohue de voitures rapides et pressées, trot-
tine lourdement l'omnibus ; l'omnibus, ce kaléidoscope à quatre roues, ce Paris qui marche, cette
livraison à quatre sous du roman parisien.

Et, des deux côtés de l'avenue, sur les chaises de
paille perfides, les belles dames qui n'ont pas de
voiture, qui n'en ont plus ou qui n'en ont pas encore, les financiers qui sortent de la bourse, les hommes de lettres qui sortent du café, les artistes dramatiques qui viennent de la répétition, tout ce
qu'une maladie, un bureau implacable ou un ren-

dez-vous impérieux ne retient pas en chambre, tout ce qui a une heure de liberté enfin, vient lorgner les dames et les voitures qui couvrent l'avenue.

C'est que c'est un spectacle immense, une scène gigantesque, une exhibition, comme disent les Anglais, qui ne s'étale qu'à Paris.

Toutes les nations du monde, toutes les classes de la société européenne défilent dans ce steeple-chase de toutes les richesses, de toutes les illustrations et de toutes les aristocraties de la terre.

En se promenant deux heures d'un bel après-midi d'été sur les immenses trottoirs des Champs-Élysées, on voit tous les peuples, on voyage dans toutes les parties du globe.

Paris est la capitale du monde.

Les Champs-Élysées sont le salon d'été de la capitale du monde.

IX

Station.

Au milieu de l'avenue des Champs-Élysées, à égale distance de la place de la Concorde et de l'Arc-de-Triomphe de l'Étoile, la chaussée s'élargit et s'évase comme un vaste bassin circulaire dont le milieu est occupé par un jet d'eau magnifique.

De ce rond-point on voit se dresser à l'horizon — comme une épée au flanc des Tuileries — le point d'exclamation de l'obélisque de Louqsor, et, à la sortie du jardin du palais, les deux groupes équestres, dits les chevaux de Marly, parce qu'en sortant de l'atelier de Coustou le jeune ils avaient été placés à l'abreuvoir du château de Marly.

A gauche du spectateur tourné vers ces groupes s'élève la rotonde du Cirque, et à droite le Palais de l'Industrie, fils du Palais de Cristal de Londres, et qui sera plus beau que son père. On y travaille très-activement, et il y aura eu deux belles choses — comme monuments — élevées à l'ordre de l'empereur Napoléon III, ce palais et le Louvre achevé.

De ce rond-point qui ouvre la vue sur toute la promenade, on voit en se retournant la colossale épopée de pierre de l'Arc-de-Triomphe envahir l'horizon de sa masse imposante et glorieuse.

Les quatre renommées de Pradier découpent dans l'infini leur attitude ardente et sereine.

Sur les flancs de l'Arc, bruissent et remuent dans les veines du marbre des bas-reliefs : les *Funérailles de Marceau*, tué en 1799 ; le *Passage du pont d'Arcole*, en 1796; la *Prise d'Alexandrie*, en 1798; les batailles de *Jemmapes* et d'*Austerlitz*, et la bataille d'*Aboukir*, en 1798.

La première pierre de l'Arc-de-Triomphe de l'Étoile a été posée le 15 août 1806, sur les plans de Raymond et Chalgrin.

Les fondations sont de 8ᵐ 375 au-dessous du sol ; l'Arc à 54ᵐ 560 de long, et 27ᵐ de large.

Au-dessus de ses bas-reliefs resplendissent deux trophées, le premier de 1792, par Rude, le second de 1810, par Cortot.

Les bas-reliefs sont de MM. Lemaire, Sèvres, Feuchères et Chaponnière.

L'intérieur de l'Arc contient un escalier ténébreux

qui hisse le curieux sur la plate-forme du monu-
ment, où l'on jouit, sur Paris et sur ses environs, à
une distance infinie, d'une des vues les plus pittoresques et les plus étendues que l'on puisse rêver.

Permettez que je me repose.

X

Parenthèse.

J'espère que mes lecteurs ne se plaindront pas
J'ai fait de l'érudition.

Je n'en puis plus; je ne suis pas habitué au travail
de la science, j'aime mieux la paresse de la poésie.

Regarder la lune, en fumant un cigare, dormir la
tête à l'ombre et les pieds au soleil dans les grandes
herbes, au penchant des collines; mirer ses yeux
gris dans les grands yeux bleus d'une belle femme,
en ne lisant d'autre livre que ce mauvais livre que
Ninon écrit dans son cœur, à ce que dit le bien-
aimé de la nature, mon cher maître Arsène Houssaye; dormir, rêver et ne rien faire, ou faire l'amour,
ce qui est identique, me semble infiniment préfé-
rable aux accroupissements haletants et douloureux
des savants qui cherchent le soleil dans la lune.

Aussi, que mes lecteurs se rassurent, je ne referai
pas de sitôt de l'érudition.

XI

**Beaujon. — Béranger. — Arsène Houssaye. — Balzac.
Nieuwerkerke.**

Sur le côté du Rond-Point qui regarde le faubourg
Saint-Honoré, débouche la rue de Ponthieu, succur-
salle de l'aristocratique faubourg. La rue de Ponthieu, avec ses rues environnantes, est une prolon-
gation de la villa Beaujon, cette île de feuillages,
d'aristocraties et d'illustrations, qui, debout sur l'ancien emplacement des montagnes russes, domine le
milieu des Champs-Élysées, et semble près de l'Arc-
de-Triomphe une butte Montmartre de sourires et
de parfums couchée aux pieds du mont Blanc sévère
et glorieux.

La villa Beaujon s'élève sur le côté droit des
Champs-Élysées, en venant des Tuileries, en face
du Château-des-Fleurs.

Beaujon a, entre autres, deux hôtes qui valent bien deux alinéas.

Béranger et Arsène Houssaye.

Béranger a maintenant 74 ans.

Il est généreux et spirituel comme un vieillard qui a un grand cœur et un grand esprit.

Sa maison est la maison du bon Dieu. Tout ce qui s'en va, cavalier de l'espérance, à travers la bohême joyeuse et dîne de beaux vers plutôt que de poulardes, tout cela connaît la maison de Béranger, une des premières de l'avenue Chateaubriand. Béranger, c'est le bon Dieu des poëtes inconnus; quand ils publient un pauvre volume de vers, le premier-né de leur verve, ils vont l'offrir à Béranger; et Béranger ne les laisse jamais partir sans souscrire pour un bon nombre d'exemplaires; s'ils n'ont encore rien publié, il leur fait insérer leurs vers et leur donne le pain de l'âme et le pain du corps.

Béranger occupe un modeste troisième étage, où il reçoit de onze heures à midi ses nombreux visiteurs, dans un petit salon simple et charmant, dont Lisette d'autrefois, devenue madame de Béranger, fait les honneurs avec une exquise dignité et une bonté toujours prévenante. Elle est la complice des bonnes œuvres de son illustre amant, qui est son époux.

Béranger fait toujours des chansons; mais, quand

elles sont achevées, il les met dans une enveloppe scellée et cachetée qui est déposée chez M. Perrotin, son éditeur, après avoir été consignée dans un registre spécial, sous les yeux d'un notaire commun. Aucune de ces chansons ne doit voir le jour avant la mort de son auteur; malgré le désir que nous avons de voir épanouir ces fruits mûris du génie du grand chansonnier, nous prions le dieu des bonnes gens qu'elles restent encore longtemps dans la cassette de M. Perrotin.

Dans la même rue que Béranger demeure Arsène Houssaye, Arsène Houssaye le poëte bien-aimé de la nature, le Claude Lorrain en rimes enamourées des grands blés mûris et des grappes vermeilles, le Van Dyck de tous les acteurs radieux ou assombris de cette vaste comédie de paravent qu'on appelle le dix-huitième siècle.

Arsène Houssaye est simple comme le génie; il aime les arbres comme un poëte, et le silence comme un amoureux.

Il cache son cœur sous une froideur apparente; il est le frère de Béranger par l'empressement qu'il met à aller chercher dans leurs ténèbres isolées les jeunes gens qui seront les Béranger ou les Houssaye de l'avenir.

Il habite un petit château en face d'une espèce de forêt vierge, où chantait jadis un jardin public

qui avait pris le titre exorbitant de *Paradis ter-
restre.*

Le château d'Arsène Houssaye a pignon sur rue,
donjon, tourelles et belvédère comme un manoir
de la Renaissance.

Vous comprenez que le poëte verdoyant de la
Poésie dans les bois doit avoir des arbres. Il en a,
et des plus beaux et des plus rares.

Le jardin d'Arsène Houssaye est un parc in-32.
Il a tout : pelouses vertes qu'ombragent des sy-
comores, allées de pommiers nains aux fleurs blanches, kiosque gardé par les hibous au regard fauve,
bouquets d'arbres de Judée, vaste serre aux plantes
tropicales, grotte mystérieuse tapissée de lierre, où
rèvent et s'ébattent grenouilles, écrevisses et pois-
sons rouges ; haies de fraisiers que rongent les tor-
tues vagabondes.

Dans la grotte des grenouilles, une magnifique
tête, d'après l'antique, se dresse au milieu des lierres
et semble jeter le sourire mélancoliquement railleur du culte perdu de la forme antique.

En face de l'hôtel d'Arsène Houssaye, une maison
dans la rue Lord-Byron regrette un autre poëte
enfui, Théophile Gautier, qui habitait la villa Beaujon du temps où il avait des chevaux. Depuis, il a
fait son chemin à pied.

Non loin de là il y a une autre maison immortelle,

celle où est mort Honoré de Balzac : aussi sommes-
nous rue de Balzac.

M. Alexandre Dumas a voulu absolument élever
un tombeau à Balzac, dont il a été l'ennemi, et
cela malgré la veuve de l'illustre écrivain.

Mais si la fièvre des tombeaux s'est emparée de lui,
pourquoi M. Dumas n'en élève-t-il pas un à son père,
dont le nom n'est pas sur l'Arc-de-Triomphe de
l'Étoile? ou pourquoi, au moins, M. Dumas ne
fait-il pas pour son père ce que M. Victor Hugo a
fait pour le sien.

Madame de Balzac habite la maison de Balzac;
on dirait que le grand romancier y est encore : son
cabinet est resté ce qu'il était à sa dernière heure
de travail. La lampe y brûle toujours, et la plume
est debout dans l'encrier. Qui oserait y toucher?

L'avenue Chateaubriand débouche dans le haut sur
l'avenue, si bien nommée, du Bel-Respiro, où l'air
est pur et parfumé, où l'œil se repose voluptueuse-
ment sur le velours verdoyant des gazons et sur les
lignes de l'horizon aux molles perspectives. Cette
partie de Beaujon est silencieuse et parfumée comme
une île de Calypso. De temps en temps un équipage
armorié effleure sa chaussée et disparaît, un artiste
rêveur descend ses vastes trottoirs inachevés, et,
ce bruit éteint, on n'entend plus rien que le mur-
mure des feuillages où passent les brises, ou le

bourdonnement lointain de quelque causerie de salon qui s'échappe des fenêtres entr'ouvertes.

Le silence des grands prés fleuris et des hôtels aristocratiques!

Beaujon est à Paris, pour l'étranger et l'artiste, le plus charmant séjour qui se puisse imaginer. Il y trouve le recueillement des jardins et de la campagne à deux pas des rumeurs de la cité : à gauche, le faubourg Saint-Honoré, habité par la noblesse impériale, le conduit au centre de Paris ; à droite, les Champs-Élysées lui montrent dans leur grande avenue, de quatre heures du soir à sept heures, toutes les personnes qu'il veut voir. Il est à dix pas du bois de Boulogne et à dix minutes du jardin des Tuileries et du Palais-Royal. Il est en même temps à la ville bruyante et dans les solitudes silencieuses.

L'avenue Sainte-Marie, qui relie la grande avenue des Champs-Élysées au faubourg Saint-Honoré, est habitée aussi par un grand nombre d'illustrations littéraires et scientifiques, témoins Daniel Stern, Ilosa Bonheur, Dantan, Gigoux. Cette avenue, bordée d'arbres, n'est bâtie que d'un côté; et presque tous ses hôtels sont de jolies petites villas à un seul étage.

Tout Beaujon est rempli de petits châteaux de fantaisie où le luxe des beaux appartements a pour

corollaire la splendeur joyeuse de la nature en
fleurs. Les trois hôtels les plus beaux sont l'ancien
château Beaujon, habité avec quelque fracas par le
peintre Gudin ; le donjon Arsène Houssaye, qui est
un petit chef-d'œuvre d'architecture indo-gothique
et semble la première page d'un roman de Walter
Scott ; et le palais du duc de Brunswick, peint en
rose comme lui-même, un des sept châteaux du roi
de Bohême.

M. le comte de Nieuwerkerke a son atelier à Beaujon. C'est de là qu'est partie pour La Haye, j'allais
dire pour la postérité, sa belle statue équestre de
Guillaume le Conquérant.

XII

L'avenue des Champs-Élysées. — M. Émile de Girardin. —
M. le comte de Morny. — Mᵐᵉ la princesse Mathilde.

De la barrière de l'Étoile, où nous a conduits l'avenue du Bel-Respiro, qui débouche sur les Champs-Élysées, remontons la grande avenue de cette magnifique promenade.

En suivant le trottoir de droite, nous trouvons d'abord des terrains vagues où s'établissent, les jours de fête nationale, des échoppes d'avaleurs de sabre et de saltimbanques.

A quelques pas s'élèvent les quatre seules maisons réellement dignes de l'avenue, qui bordent le côté droit : celles de M. Émile de Girardin, de M. le comte de Morny, de M. de Lauriston, de madame la comtesse Le Hon.

A part ces quatre splendides hôtels et quelques autres plus humbles, tout le côté droit de l'avenue des Champs-Élysées est occupé par des cafés vulgaires, le café-concert et des marchands de pain d'épice ou des loueurs de coupés.

Le peu d'empressement que mettent les entrepreneurs de bâtiments à garnir de maisons convenables ce côté de l'avenue ne s'explique pas. Les Champs-Élysées sont le rendez-vous de toutes les grandes familles de l'aristocratie étrangère, qui viennent passer quelques mois à Paris; jamais un appartement n'y reste inoccupé. L'embellissement de la promenade, complété par ces constructions nouvelles, gagnerait donc en raison directe du bénéfice qui reviendrait aux entrepreneurs par l'élévation de quelques beaux hôtels entre le Rond-Point et la barrière de l'Étoile.

M. Émile de Girardin, avec cet esprit d'innovations heureuses et de recherches hardies qui le caractérise, a déjà commencé. Son exemple devrait être suivi. Il a étendu les jardins qui entourent son palais, de style grec et romain, jusqu'à l'avenue des Champs-Élysées, et il a émaillé de pelouses vastes et charmantes tout le devant de ce temple de la dixième muse.

Il a supprimé les murs qui fermaient le jardin du côté de l'avenue, et les a remplacés par une grille immense qui laisse toute liberté à la curiosité admirative du passant

C'est un grand nom que celui de M. de Girardin — plus grand encore de toutes les calomnies qu'on lui a jetées.

La villa des Champs-Élysées enclôt, dans M. Émile de Girardin, un des génies aventureux de la France, et dans madame de Girardin, toutes les splendeurs de la poésie et toutes les exquisités de l'esprit. Si George Sand est le premier homme de France, madame Émile de Girardin en est la première femme.

M. de Girardin est une intelligence vaste, turbulente et innovatrice. Inquiet et chercheur comme le génie, M. de Girardin est un des plus hardis et des plus heureux pionniers de l'idée sociale; une ambition immense, justifiée par un génie de même envergure.

L'humanité est une succession de couches — comme la terre.

M. Émile de Girardin est un penseur taillé dans le granit des Colomb et des Galilée.

Madame Émile de Girardin se contente d'être la première femme de France — avec tout ce que ce mot de femme contient d'adorable, d'exquis et d'intimement poétique.

Entre la villa de M. Émile de Girardin et le Jardin-d'Hiver bâillent quelques brasseries et quelques cafés de gardes nationaux, qui font partie de ces constructions vulgaires et délabrées dont les façades appauvries jettent un ton discordant au milieu de l'harmonie des belles constructions récentes des Champs-Élysées.

Le Jardin-d'Hiver arrive ensuite.

C'est un beau et vaste pavillon vitré où l'on a tâché de rassembler des plantes exotiques, et où l'on fait tout son possible pour rassembler le plus de monde élégant autour des concerts qui s'y donnent.

Les plantes exotiques ont trop l'air d'être nées à Paris, et le monde élégant qu'on y rencontre n'a pas assez l'air d'avoir vécu dans le grand et vrai grand monde parisien.

Malgré cela, il s'y donne de belles fêtes, s'il s'y épanouit trop souvent des voix qui n'ont que la volonté et des artistes qui n'ont que l'intention.

On descend quelques marches pour arriver à l'orchestre, qui se trouve, avec les banquettes, dans une espèce de vallée qu'encadrent des montagnes de verdure.

Tout autour du pavillon court une vaste galerie tapissée de plantes vivaces et touffues, et qui se coupe en allées verdoyantes.

Au bout de chaque allée, il y a une surprise :

ici, c'est un billard; là, une grotte; plus loin, un jeu de n'importe quoi; partout des fleurs, et, à défaut de jolies femmes, de ravissantes toilettes.

Après le Jardin-d'Hiver deux hôtels splendides closent la première partie des Champs-Élysées jusqu'au Rond-Point. Ces deux hôtels sont ceux de M. le comte de Morny et de madame la comtesse Le Hon.

M. le comte de Morny est un grand seigneur qui continue dans notre siècle, avec une magnificence royale, les fécondes traditions des Mécènes.

Il a la hardiesse des grandes sympathies; il a été le premier à accueillir un grand peintre, qui a trop osé parce que les autres n'osaient pas assez, M. Courbet *.

Quelles que soient la sympathie ou l'antipathie qu'éveillent dans le lecteur les œuvres diversement appréciées de M. Courbet, il faut savoir gré à M. le comte de Morny d'avoir, à l'encontre de la foule, osé hautement tendre la main à un artiste aventureux.

Il est bon que les grands seigneurs protégent les artistes reniés par la foule. Ceux que prône la foule ne sont jamais de grands peintres ni de grands

---

* M. le comte de Morny n'a pas d'ailleurs admis le tableau de Courbet dans sa magnifique galerie toute peuplée de chefs-d'œuvre.

artistes. La foule a toujours peur de ce qui la dé-
passe.

Le but intime de chaque homme est d'être vu
par le plus de monde possible ; celui qui monte
un échelon au-dessus de vous est votre ennemi,
parce que tout le monde le regarde.

Du Rond-Point, que borde du côté de l'Arc-de-
Triomphe l'hôtel superbe et aristocratiquement
taillé de madame la comtesse Le Hon, jusqu'à la
place de la Concorde, le côté droit de l'avenue n'est
plus occupé que par le pavillon du café-concert et
les ignobles échoppes des marchands de pain d'épice.

Quel malheur que le beau corps des Champs-
Élysées ait de pareilles verrues! Une magnifique construction s'élève maintenant à droite du Rond-Point
et cachera dans peu, nous l'espérons, une partie des
masures qui gisent à l'entrée de l'avenue; cette magnifique construction, c'est le palais de l'Industrie.

Si le gouvernement de Sa Majesté l'Empereur n'a-
vait fait que donner un palais à l'industrie, sans en
élever un aux arts, nous nous serions permis de
regretter l'emploi des capitaux ; mais la pensée in-
fatigable et universellement répandue de Napoléon
n'oublie rien, elle achève le Louvre, et donne ainsi
un panthéon à chacune des gloires de la France, à
l'art et à l'industrie. C'est pour cela que la France
est belle, grande et reine.

Ne penser qu'à l'industrie, c'est s'occuper du corps au détriment de l'âme. Mais réunir le corps qui est l'industrie, à l'âme qui est l'art, c'est féconder, dans un accouplement sublime, la vie telle que Dieu l'a faite, avec les mains pour agir et le cœur pour rêver.

Le palais de l'Industrie sera digne de loger l'industrie de la France.

Les échafaudages qui l'enveloppent encore comme une chrysalide empêchent de l'apprécier déjà ; il se forme, il s'élève, il s'enveloppe de suaires de planches, de cordes et d'ouvriers, pour jaillir, éblouissant et complet, de sa tombe de plâtre et de blocs, à la pâque radieuse et prochaine de l'Exposition universelle de 1855.

Le palais de l'Industrie sera le Louvre des métiers. Il recevra tout, il contiendra tout. Il y aura dans ses salles immenses tous les produits commerciaux de l'activité et du génie français, à côté des envois de l'émulation étrangère.

Le côté gauche de l'avenue des Champs-Élysées — toujours en partant de l'Arc-de-Triomphe — ne présente que peu d'hôtels dignes d'être mentionnés, à part l'Élysée-Bourbon. Du côté de la place de la Concorde, les trois théâtres-armoires de Polichinelle, *Guignol*, *Bambochinet* et *Variabilité*, nasillent, en coups de poing sur l'autorité, la morale

railleuse de la farce du monde ; un café concert, en-
jolivé d'intentions d'arabesques et de puissantes réa-
lités d'enluminures, fait chanter les robes roses de
ses artistes féminins pour les yeux de ses auditeurs
chauves ; les chevaux de bois et les navires aériens,
flanqués des éternels marchands de pain d'épice,
décrivent leurs courbes aventureuses, au grand
ébahissement des enfants de soixante ans et à la
grande joie des enfants de douze ans.

Derrière toutes ces splendeurs, murmurent de
grands feuillages d'un vert sombre, où blanchissent
les façades opposées des grands hôtels du faubourg
Saint-Honoré.

Il y a là des jardins immenses, presque des parcs ;
et les feuillages sont si touffus en été, que l'œil du
curieux ne peut arriver aux maisons et aux pavillons
qu'ils enclosent. Tout ce côté de l'avenue des Champs-
Élysées est d'ailleurs presque envahi par le jardin de
l'Élysée, qui s'élève à l'angle du Rond-Point. L'Élysée
a été la résidence du président de la République,
quand Bonaparte attendait encore que l'aigle de Napoléon prît son vol ; il est maintenant offert aux prin-
ces étrangers en séjour à Paris. Toute cette magnifique avenue des Champs-Élysées est d'ailleurs habitée
par les plus hautes illustrations de l'aristocratie et
de la diplomatie étrangères. On compte parmi les
grands noms dont la présence l'illustre lord Grey,

pair d'Angleterre; le marquis de Lauriston; le comte
Pelet de la Lozère; le marquis de Beaumont; le marquis de la Rochejacquelein; le prince de Beauvau;
la comtesse Patocka; le duc de Brunswick; le comte
Molé; le duc de Coigny; le duc de Noailles; le duc
de Trévise; et au-dessus de toutes ces splendeurs,
cette princesse, poëte et artiste, qu'on nomme madame la princesse Mathilde.

XIII

La barrière.

Ce serait une étude étrange et pleine d'enseignements terribles que celle de cette population rongée de cynisme et d'alcool qui croupit autour des barrières de Paris. Notre travail, à nous autres écrivains, c'est d'aller chercher dans les drames de la vie humaine les leçons effrayantes que donnent le culte de la débauche, l'oubli du devoir et la lâcheté de l'homme qui n'ose pas se colleter avec la misère, et la vaincre, comme l'archange Michel a vaincu le démon. L'écrivain qui croit à sa conscience doit vivre partout. Invulnérable par sa foi. il doit passer à travers tous les feux, entrer dans toutes les fanges, mettre la main, s'il le faut, sur le cœur des hommes perdus, pour savoir pourquoi il ne bat plus. J'ai bien souvent, caché sous la blouse de l'ouvrier, passé de longues heures nocturnes à écouter les sinistres imprécations d'hommes corrodés par le vice et la misère, qui lamentaient, avec la sanglante brutalité du cynisme, leur enfance délaissée ou leur vie détournée de son but.

Les plus terribles barrières de Paris sont celles qui s'étendent de la barrière de l'École au Jardin des Plantes.

La barrière de l'Étoile, où s'élève l'Arc-de-Triomphe, est une des plus civilisées et des moins repoussantes.

Elle est propre, bien vêtue, composée d'ouvriers qui travaillent. Malgré cela, c'est à la barrière de l'Étoile que j'ai rencontré un homme dont le souvenir ne s'effacera jamais de ma mémoire.

Un soir, j'étais assis à la table chancelante d'un ignoble marchand de vin dont la boutique s'élève sur un des talus qui entourent l'Arc-de-Triomphe.

Ma soirée avait été mauvaise.

Je n'avais vu que des ouvriers vulgaires ; je n'avais entendu que des mots brutaux, mais sans caractère.

Habitué à tout par la vie errante que j'ai menée dans ma première jeunesse à travers les neiges des pays du Nord, je buvais imperturbablement le vin bleu de la barrière.

Un homme entra et vint s'asseoir à ma table. Je l'avais vu déjà, mais je ne lui avais jamais parlé.

En le regardant plus attentivement, sa physionomie me frappa.

Il paraissait avoir de trente-cinq à quarante ans.

Brun, le visage long et imberbe, la joue droite fendue par une cicatrice, des yeux ternes, mornes, immobilisés par l'habitude de l'ivresse, et, avec cela, les mains blanches et fines.

Pour tout vêtement, il avait une blouse et un pantalon. On était au mois d'octobre, et il n'avait pas d'autre habit sous sa blouse, à travers l'ouverture de laquelle on voyait sa peau rougie par le froid.

Le peuple n'aime pas qu'on le regarde sans lui parler. Je crus me souvenir d'avoir vu mon homme avec un orgue barbare dans un petit village des environs de Boulogne.

Je hasardai ma question :

— Eh bien ! la journée a-t-elle été bonne ?

— Non, me répondit-il sans me regarder.

Sa voix avait la couleur de l'eau-de-vie.

— Alors, lui dis-je, je vous offre un litre.

Il releva la tête et me regarda.

— Pourquoi m'offrez-vous ça ? me dit-il.

Jamais pareille question ne m'avait été faite. Je fus presque déconcerté, et je ne sais trop ce que j'allais lui dire, quand il s'écria, avec ce mouvement d'épaules particulier aux gens auxquels tout est indifférent :

— Eh! après, je m'en fiche pas mal! J'ai soif, et je n'ai que cinq sous. J'accepte.

Il but.

Après le vin, de l'eau-de-vie, après l'eau-de-vie, l'anisette, puis il revint à l'eau-de-vie et y resta.

Quand il fut réchauffé et échauffé, nous causâmes.

Il me raconta sa vie.

Un autre en eût été effrayé; moi, j'étais habitué à ces récits de vies manquées et faussées parce qu'elles n'ont pas marché avec le devoir.

Même en ne croyant que la moitié de ce qu'il disait, c'eût été terrible pour un autre; et j'ai assez l'habitude de ces sortes de gens pour voir qu'il disait vrai.

Mais ce à quoi je ne m'attendais pas, c'est qu'il était poëte.

Fils d'une bonne famille de province, il était venu à Paris — parce qu'il était poëte.

Mais, au lieu de travailler comme Balzac, il mena la dangereuse vie de la bohème. Pendant quelque temps, sa famille aidant, il vécut. Il avait vingt ans.

Il eut l'existence qu'ont les dix mille jeunes gens qui viennent à Paris comme on va au théâtre, mais en oubliant de payer. Puis sa famille fut ruinée; son père mourut. Il n'avait pas connu sa

mère. Alors la faim arriva. Il voulut travailler ;
mais le travail est impossible après la débauche :
c'est l'expiation de l'orgie. Mourant de faim et de
misère, il voulut se faire comédien. Il avait de la
figure, de la chaleur, de la verve. Mais l'orgie avait
brûlé sa voix. Il ne put débuter nulle part.

On formait, en ce moment, la traite des tra-
vailleurs pour la Californie.

Il partit.

Je voyais le frisson parcourir ses membres pendant qu'il me racontait l'horrible existence de ces
pauvres gens qui avaient été chercher la fortune si
loin et n'avaient trouvé qu'une misère plus af-
freuse que toutes celles qu'ils avaient supportées.

Il s'interrompait de temps en temps pour vider
son verre.

— Enfin, continua-t-il, après un an de cette vie,
un camarade qui avait été plus heureux que moi
paya mon passage, et je revins à Paris, sans argent,
sans autres vêtements que ceux que je portais.

J'arrivai à Paris sans savoir si je vivrais deux
jours. Mais c'est drôle, ajouta-t-il avec un rire qui
me fit mal, j'aimais mieux mourir ici que là-bas.

Pendant un an après son retour de Californie, il
roula des postes à la préfecture, des hospices aux
salles de police correctionnelle ; il fit tous les métiers, vola, escroqua, passa des jours entiers, trois,

quatre jours de suite sans approcher un morceau de pain de ses lèvres, et cependant ne se tua pas.

— Ce qui fait que je ne crois plus à rien, me dit-il avec un illogisme effrayant, c'est qu'on tient toujours à la vie, malgré tout ce qu'on souffre ; cela prouve bien que nous sommes des animaux que le diable pique pour s'amuser, comme je piquais des hannetons quand j'étais petit. Quand je voyais qu'un de mes hannetons allait m'échapper, je piquais plus fort, il restait et ne crevait pas. —

Enfin, pour gagner quelques sous, il prit un orgue de Barbarie, qu'on lui loua sous la caution d'un de ses camarades, revenu comme lui de Californie, mais avec une petite fortune.

Et, depuis ce moment, il roule son apathique insouciance le long des barrières de Paris, se consolant avec l'eau-de-vie des souvenirs ou des regrets qui lui viennent.

Quand il eut fini, je lui demandai s'il se rappelait les vers qu'il m'avait dit avoir faits.

Il ne me répondit pas, laissa tomber sa tête sur la table et s'endormit.

Existence qui aurait pu être noble, utile et féconde, et que la misère et l'impuissance ont rendue inutile, dégradée, peut-être dangereuse.

J'ai revu, depuis ce jour, deux ou trois fois cet homme. Il reste le même : l'alcool le tue lentement.

Il m'a montré de ses vers ; il en fait toujours de temps en temps quand il est ivre. Je me souviens d'une ode intitulée la *Nostalgie de la mort,* qui est un chef-d'œuvre de lyrisme sombre et de cynisme sceptique et désespéré.

Cette ode — car c'était réellement une ode, et des plus belles que j'eusse lues — cette ode finissait par ces trois vers :

Buvons, frères, buvons du blanc, du noir, du bleu,
En regardant tourner l'homme, cet âne aveugle,
Autour de ce poteau que l'on appelle Dieu.

Dieu bon, pardonnez à cet homme !

XIV

Le bois de Boulogne.

La pourpre près du haillon;
La soie à côté du chanvre ;
La vie luxueuse, élégante, harmonieuse, avec les équipages, les valets, les enchantements des arts et tous les raffinements des jouissances civilisées, à deux pas de la faim qui tâche de s'oublier dans l'alcool et de la distinction innée qui souffre plus de ses haillons que du pain noir de son dîner. Ah ! que la religion est une belle chose, et qu'on fait bien de l'apprendre aux enfants, qui l'oublient, ainsi que le latin, dès qu'ils sont hommes !

Le bois de Boulogne, c'est le rendez-vous de tout ce qui peut se montrer, de tout ce qui a voiture, de tout ce qui a mis dans son existence ces deux moitiés du soleil : le vin et les belles femmes.

Le bois de Boulogne, par la sympathie de l'Empereur, sera dans quelques mois complétement transformé.

Jusqu'à présent il n'a été qu'un maigre champ de perches effeuillées, où la mode envoyait chaque jour les oisifs de Paris ; mais, depuis les travaux récemment entrepris à l'ordre de Sa Majesté, qui surveille elle-même les embellissements, le bois de Boulogne devient un parc ; qui sait ? peut-être finira-t-il par devenir réellement un bois.

Une ligne de chemin de fer qui part de la rue Saint-Lazare conduit déjà les promeneurs aux différentes stations du bois et aux villages environnants. Le café-restaurant de Madrid, célèbre par les soupers des jeunes gens qui soupent comme d'autres travaillent, la Maison-Blanche, Auteuil, Passy, tous les points agréables à divers titres de ce bois, deviennent de plus en plus le rendez-vous de toutes les aristocraties, des richesses masculines et des beautés féminines. Tout ce qui n'est pas employé d'administration, conducteur d'omnibus au faubourg Saint-Antoine ou attaché à un ministère, va faire un tour au Bois quand l'après-midi a du soleil.

Le bois de Boulogne, dans peu, ne sera plus reconnaissable. Des allées nouvelles entrent dans les anciennes, des arbres sont abattus, d'autres s'élèvent, des points de vue se forment ; de tous côtés le Bois s'arrange ou se dérange, mais s'embellit.

Enfin, une rivière pour laquelle on a creusé un lit exprès sur le chemin d'Auteuil roule sa petite vague paisible et monotone en courbes pittoresques.

Les environs de cette rivière que l'on achève sont le point actuel de la promenade des équipages, qui en font le tour en un bond.

A quelques minutes de là, la mare d'Auteuil garde son eau dormante, où les peupliers et les vieillards vont tremper leurs souvenirs et leurs longs cheveux ; puis, de tous côtés monte, au-dessus du bois, l'exquis fumet des matelottes confectionnées dans les restaurants hautement tarifés des villages latéraux, et les équipages volent, et les piétons se sauvent, et, dans les taillis ombreux, on entend des éclats de rire sonores ou des baisers furtifs refusés pour qu'on les prenne.

Et l'on avale la poussière, et les dames d'argent, et les filles de marbre, de plâtre, de papier mâché, de carton peint ou de n'importe quoi, descendent de voiture et viennent traîner dans les plâtras des robes de deux mille francs. Les maçons qui travaillent à la rivière voient tout cela d'un œil impassible et continuent de couper des pierres avec leurs mains, pour deux francs par jour qu'ils apporteront à leur famille affamée. Et les jolis messieurs qui ont les ongles roses, les favoris à l'anglaise et le col à l'étroit, disent des choses charmantes aux petites dames qui sourient, penchent la tête à droite ou à gauche, arrangent leurs nattes pour montrer leur main, et boivent enfin du meilleur cœur du monde la poussière du bon Dieu et les jolis compliments des jolis messieurs.

Et les jolis messieurs se disent :

— Cher, où allez-vous ce soir?

— Chez la marquise, cher.

— Adorable ! Elle a toujours Folleville, cher ?

— Toujours, cher!

— Divin ! Qu'as-tu fait de ton rat?

— Elle est partie avec un trombone de Montmartre.

— Pauvre fille! Ah! voilà la divine Azélia. Je te quitte, cher ; je vais achever la divine Azélia. Tu viendras ce soir, cher?

— Oui, cher.

— Adieu, cher.

— Adieu, cher.

Et les jolis messieurs sourient, et les petites dames sourient, et les arbres se balancent comme de jolies petites figures de cire, et le soleil s'ennuie d'éclairer tout ce monde-là.

Et les terrassiers, les maçons et les manouvriers piochent, sombres et soucieux.

Puis, de là on va à Madrid, à Auteuil ou autre part.

On cueille un biscuit.

Puis des dames charmantes, qui sont venues seules, s'en retournent autrement ; les équipages roulent, les signes s'échangent, les femmes trahissent, les maris ruminent, les amants clignent de l'œil, et l'on revient avec la douce satisfaction de voir les badauds qui regardent passer les voitures.

Et l'on s'en revient pour recommencer le lendemain, et c'est très-amusant, et toute la sainte journée que Dieu fait, on a dit mille choses charmantes.

Dieu ! que ces gens-là doivent s'ennuyer !

Voilà ce que c'est que le bois de Boulogne !

XV

Mabille et ses habitantes. — Le Château-des-Fleurs.

Dans l'avenue Montaigne, un portail avec des lampions ; dedans, un pavillon avec des lampions ; autour du pavillon, des carrés de bosquets, avec des lampions ; autour des carrés de bosquets, des femmes, avec des lampions — dans les yeux ; et autour des femmes, des commis en nouveautés, avec des lampions — en pierres fausses à la cravate et aux doigts.

Mabille, ou le jardin Mabille, pour parler français, est la tour publique où les Danaés en expectative vont attendre leur Jupiter, où les Mogadors vont chercher leur Chabrillan, où l'hospitalité se vend et ne se donne jamais, où les gros sous n'ont pas cours, où les billets de banque trouvent au fruit acheté le même goût qu'au fruit défendu.

Eh ! qu'importe la femme, pourvu qu'on ait l'ivresse ! qu'importe le flacon, pourvu qu'on ait l'amour !

En avant la grande famille des enfarinés et des entretenus.

En avant les poëtes, les financiers et les courtisanes.

Nous autres poëtes, nous vendons la poésie, vous autres filles naturelles de la mère Ève, vous vendez l'amour.

Nous sommes frères et sœurs. Le poëte est une fille.

En avant donc les capotes sur la nuque, les cœurs vagabonds, les yeux savants, le chahut des vingt ans et l'éternelle comédie du poëte que le roi entretient, parce que le poëte l'amuse.

Nous sommes à Mabille, le piston hurle, la clarinette éternue, l'ophicléide tousse, le lampion pleure ; de pauvres diables, payés à la soirée, dansent autour du pavillon ; les femmes attendent, les hommes lorgnent ; on se cligne, on s'effleure, on s'aborde ; le champagne petille, l'esprit étincelle. Car tous ces gens-là ont de l'esprit, — c'est leur état ; ces gens-là sont des journalistes, des poëtes ; ceux-ci, des commis en nouveautés, ils ont l'esprit des vingt-cinq ans ; ceux-là, des millionnaires, ils ont l'esprit des billets de banque.

Et tout cela tire le pistolet du bon mot, bat l'entrechat du calembour, secoue l'omelette fantastique du paradoxe impossible, roue le Cassandre du bon sens sous la batte de philosophies étourdissantes, mange à pleine bouche le baiser à la pincette de la gaieté du bon Dieu, et le pain bénit de la vertu des bonnes filles.

Tout cela a de l'esprit comme Augustine Brohan.

Anita, qui se destine au théâtre, apprend à Mabille toutes les comédies que savent déjà ses grands yeux d'Espagnole.

Turlurette y a trente ans ; Blondinette y blondit son profil froid ; Mignonnette y est comme son nom ; Alice Ozy y adopte les enfants perdus et les petits chiens orphelins, dans son cœur de trente-sept ans ; Adèle Page y affirme avoir l'âge de madame Doche, qui a trente-neuf ans — comme les chaufferettes à trente-neuf sous — suivant Gozlan ; Andréa, l'amie, à la mode grecque, de Rachel, et la Romanelli, s'y souviennent qu'elles ont étudié les poses de la Vénus au pays de Vénus ; Adèle Gallois y montre son nez retroussé ; Léontine, son buste de sapeur-pompier, qui s'est trompé de sexe ; la Villarès, son regret de Lucrèce ; Ophélia, son bouquet ; Frisette, ses dents, et toutes tout ce qu'elles peuvent.

Et cela est joli comme le vice, attrayant comme

le péché, voluptueux comme le fard, coquet comme le mensonge, invincible comme le parfum.

Et cela se promène lentement, gravement pendant quelques instants autour du pavillon illuminé; puis les groupes se forment, les clefs de boudoir sont mises en loterie, un poëte en gagne une avec un madrigal, un financier une autre avec un chiffon de papier; les coupés s'approchent, les couples s'envolent et les pauvres solitaires, qui n'ont ni le bon mot du journaliste, ni le chiffon du banquier, ni le madrigal du poëte, ni la calèche du réfugié polonais, prince russe, s'en vont à pied, en fumant le cigare du célibat forcé, déguster en rêve le parfum du plat qui n'est pas pour eux. Ah! c'est un monde à part, un monde qui vit derrière la rampe, qui a son esprit, sa beauté et son bon Dieu, le bon Dieu des bonnes gens.

Il y a un second rendez-vous des folles amours, le *Château-des-Fleurs*. Le Château des Fleurs a des prétentions d'homme du monde; il se choisit ses visiteurs; si on le laissait faire, il se mettrait une cravate blanche; ses amours sont toujours folles, mais elles se voilent, tandis que celles de son aîné se gazent; il veut enfin avoir l'air comme il faut : la mère sans danger y conduira sa fille — si c'est une fille perdue.

X V I

Six heures. — Hommes de lettres et Femmes de théâtre.

Reprenons le panorama de la promenade.

Il est six heures ; le soleil met le manteau de pourpre de ses rayons du soir : une brise légère, qui a passé dans les fleurs, verse ses fraîcheurs et ses parfums dans l'air attiédi ; et voici que les piétons affluent, que les calèches bondissent, que tout Paris, que le Paris littéraire et artistique descend la grande avenue des Champs - Élysées. L'été commence. Les illustrations littéraires et nobiliaires n'ont pas encore bouclé leur ceinture de voyage : tout Paris est encore à Paris.

Journalistes, romanciers, actrices, musiciens, sont là, les uns gais, les autres tristes ; les uns cherchant une rime, les autres escomptant un succès futur ou dénigrant celui d'un ami.

Saluez, messeigneurs, c'est la république des lettres qui passe!

Voici Jules Janin, un homme entre deux âges... mais que dis-je?... Un jour qu'il était gros d'ânes guillotinés et de femmes mortes, il est entré à la Closerie des Lilas des vingt ans, et il y est resté. — Un gilet blanc et des breloques, voilà Janin;

Derrière lui, Paul de Saint-Victor, qui soigne trop son style et sa moustache pour soigner sa toilette, fume un excellent cigare en envoyant un salut à mademoiselle Valérie, la plus fine taille du Théâtre-Français;

Barbey d'Aurévilly, le frère cadet du beau style de Paul de Saint-Victor;

Et Roger de Beauvoir, son ami, un gentilhomme poëte et un poëte gentilhomme, discutent Ponsard, qui mourra d'une tragédie modérée et vivra d'une gloire honnête, comme Ducis, avec beaucoup d'honneur et pas d'argent.

Ils arrivent, ils arrivent.

Voici mademoiselle Rachel, dans son carrosse à quatre chevaux, qui jette en passant un salut à lady Tartufe, une femme très-connue dans le monde.

Ne reconnaissez-vous pas mademoiselle Andréa, dont tout l'art est d'être belle en prose ou en vers?

Ci-joint Alphonse Karr, l'esprit des guêpes;

Ci-joint Laurent-Jan, qui peut se promener avec lui de pair à compagnon.

Voilà le petit-fils de Pigault-Lebrun et qui est bien de sa famille, Émile Augier, donnant le bras et l'esprit à Jules Sandeau, qui le lui rend bien.

Qu'entends-je? Eugène Delacroix et Arsène Houssaye qui ne parviendront jamais à s'entendre sur les Trois Parques de Michel-Ange.

Mais voici Alfred de Musset, tout embobiné dans la quenouille de Barberine.

Viennent, bras dessus, bras dessous, les deux Malitourne : — Le plus Malitourne des deux n'est pas celui qu'on pense.

Saluons M. de Nieuwerkerke, un sculpteur à cheval qui a tout autant de talent que ceux qui vont à pied.

Horace de Viel-Castel n'est pas loin; Horace de Viel-Castel, un poëte qui sait bien mieux les vers d'Alfred de Musset que les vers d'Horace de Viel-Castel.

Qui est ce qui reconnaîtrait George Sand dans cette bonne femme qui passe là-bas, si simple dans sa robe et dans son sourire? — George Sand, l'acier d'un homme trempé dans les larmes d'une femme; le cœur du Christ qui bat dans le cerveau de Platon.

O Déjazet! est-ce bien toi qui avais vingt ans hier?

O Lamartine ! est-ce bien vous qui aimiez Elvire avant-hier ?

Laissons passer M. de Rémusat et M. Sainte-Beuve — Sainte-Bévue — qui vont à l'Académie et qui ne prennent pas assez le chemin des écoliers.

M. Cuvillier-Fleury les regarde passer et dit tristement : Voilà pourtant comme je serai demain.

Voici Jacques Arago, dont l'esprit et les pieds connaissent tous les mondes, avec la charmante muse qui lui sert d'Antigone ; voici Paul Mantz et Clément de Ris, deux critiques presque poëtes ; Édouard Fournier, qui met de l'esprit dans la science, mais peut-être pas assez de science dans l'esprit ; les Goncourt, ces frères siamois de la fantaisie, ciseleurs de coupes, où ils oublient quelquefois de mettre du vin ; Molé-Gentilhomme, qui signe avec Constant Guéroult qui écrit.

Les voilà, les voilà les actrices, les poëtes, les romanciers : André de Goy, une des plus belles barbes de la littérature ;

Auguste Lacaussade, qui a traduit Ossian, et qui l'a trahi : *traduttore, tradittore ;*

Octave Lacroix, un poëte sournois et candide qui donne le bras à madame Louise Collet, la Muse de l'Académie ;

Mademoiselle Favart, de la Comédie-Française, une tête de Vierge tombée d'un tableau de Raphaël, mélancolique comme un soupir, comédienne comme un serpent;

Mademoiselle Soubise, ainsi nommée parce que, dans un souper, où on lui demandait si elle voulait des côtelettes-Soubise, elle répondit avec une touchante candeur qu'elle aimait beaucoup les côtelettes, mais qu'elle n'avait jamais mangé de Soubise;

Madame Doche, qui a l'âge de mademoiselle Page, qui a l'âge de madame Doche : trois quarts de siècle pour les deux;

Louis Desnoyers, l'homme le plus spirituel, non pas du siècle, mais du *Siècle*;

Victor Séjour, qui a mis le pourpoint d'Hernani et qui s'est perdu dans ses manches;

M. Lerminier, un professeur qui explique l'amour; E. Lhôte et N. Martin, deux poëtes qui le comprennent.

M. Béchet, qui s'est moqué de moi dans le *Journal pour rire*, et qui pourrait bien se moquer de lui;

Paul Meurice, qui a les lunettes de Victor Hugo;

Jules de Saint-Félix et Labédollière, fumant littérairement leur pipe d'un sou;

Voici mademoiselle Denain, un volcan d'eau tiède;

Eugène Pelletan, poëte comme la Bible; il n'a qu'un défaut, celui de vouloir nous persuader que l'humanité va quelque part;

Salvador, un joyeux ciseleur de flonflons, et le plus obligeant des secrétaires généraux des théâtres de Paris; comme acteur, il sait ce qu'une *salve a d'or;*

M. Jules-Michel-Barbier-Carré, la moitié d'un poëte et un auteur dramatique à deux;

Théophile Gautier, avec ses beaux cheveux, regrettant ses chevaux tout en modulant l'hymne des formes lumineuses; Théophile Gautier, un poëte arabe.

Voici Paul Lacroix, le bibliophile Jacob, trop romancier pour être historien, et trop...

Gustave Planche, qui est en train de découvrir une dent noire à mademoiselle Brohan, qui montre trente-deux dents blanches;

Paulin Lymairac, un critique qui donne de l'esprit à ceux qu'il critique;

Félix Mornand, un critique qui donne de la poésie à ceux qui lui envoient la leur;

Jules de Prémaray, l'esprit de la *Patrie;*

Lireux, l'esprit de l'*Assemblée* — comique;

Guttinguer, affligé de quatre-vingt mille livres de rente, et qui a de l'esprit comme s'il était pauvre, et de la poésie comme s'il était jeune;

Édouard Martin, Paul de Kock au hachis;

Philibert Audebrand, un mousquetaire qui a été corsaire et qui s'est bien battu;

Édouard Thierry, feuilletonniste officiel, les cheveux plaqués et la cravate blanche ;

Léon Gozlan, à la puissante encolure, l'Absalon du roman; Balzac au soleil — moins la science ;

Dennery, un charpentier littéraire (saint Joseph l'était bien !) ;

Dumas fils, qui a plus d'esprit que son père ;

Edmond Texier, parti poëte, arrêté par la politique;

Adolphe Gaiffe, le Henri Heine français ;

Henry Murger, un Allemand de Paris ;

Octave Feuillet, un bâtard d'Alfred de Musset — légitimé ;

Théodore de Banville, le frère cadet de Théophile Gautier, qui fait des Galatées très-belles, mais qui oublie de souffler dessus;

Eugène Sue, imagination exubérante, rougie à blanc dans les tropiques; sa pensée a la jambe forte, mais elle marche dans des souliers trop étroits; son style flambe et ne brûle pas; ses premiers romans sont fougueux et emportés ; ils ont la brutalité d'un fer rouge; ses dernières œuvres sont rachitiques et éreintées. M. Eugène Sue aurait pu être un véritable écrivain s'il s'était dit, au début de sa carrière : *Qui se contient s'accroît;*

M. Achille Jubinal, qui sait très-bien l'espagnol.

— Mais quand on pense qu'une grammaire française ne coûte que cinquante sous !

M. Emmanuel de Lerne, qui s'est endormi dans les pantoufles d'Arsène Houssaye ;

Madame Desbordes-Valmore, autant poëte qu'une femme peut l'être par la forme ; — par le fond toutes les femmes le sont ;

M. de Rémusat : « Hanneton, vole ! vole ! »

M. Paul de Musset. Est-il le frère de son frère ?

M. Reboul (de Nimes), un poëte né boulanger ;

M. Delamarre, qui écrase agréablement la puce inconnue des oïdiums entre le pouce et l'index des premiers-Paris ;

M. Géruzez, un maître d'études ;

Champfleury, qui a mis les souliers de Balzac, qui lui vont comme un gant ;

Albéric Second, Rivarol à l'Opéra ;

Louis Lurine, connu non *parce que* son nom, mais *quoique* son nom; un conteur parfois exquis, toujours fin et distingué ;

Amédée Pommier, qui a fait l'*Enfer*; le ciel lui en tiendra compte ;

Frédéric Henriet, un humoriste qui s'est fait archéologue, et qui sera toujours un esprit original et charmant ;

Alexandre Guérin, un poëte fantaisiste avec les cheveux longs, le cœur sur la main, l'esprit dans les nuages, et l'esprit du diable. Un Gérard de Nerval en bouton qui a déjà donné des fleurs :

Charles Vincent, un autre poëte, joyeux comme une chanson, chanteur comme une alouette ; fondateur de l'une des plus ingénieuses entreprises du siècle, le *Moniteur de la cordonnerie*, journal spirituel, sérieux et élégant, qui est devenu tout cela en chaussant la littérature au profit de son esprit, à elle ;

Lesguillon, qui a fait des vers ; il faut lui savoir gré de n'avoir pas fait de prose ;

M. de la Guéronnière, qui a la vigueur de Granier de Cassagnac, et qui a parfois l'inspiration de M. de Lamartine. Le cerveau de M. de la Guéronnière a deux compartiments : l'un est plein de fantaisie, l'autre est plein de science ;

René de Rovigo, fier et froid, gentilhomme d'esprit, mordant et redouté, soutenant par l'épée ce qu'a écrit sa plume ;

M. Boulay-Paty, le Marco Saint-Hilaire du sonnet ;

M. Marco Saint-Hilaire, le Boulay-Paty de Napoléon Ier ;

Matharel de Fiennes et Hyppolite Lucas, deux hommes qui ont du nez.

Mademoiselle Rose Pompon, qui a dansé et qui maintenant fait des économies, — de quoi ? — de tout ;

Mademoiselle Savary, une jolie ingénue, un rossignol auquel il ne manque que la voix ;

Mademoiselle Doze, la beauté de l'esprit et l'esprit de la beauté ;

Madame Guyon, la sœur de Frédérick-Lemaitre ;

Madame Naptal-Arnault, qui porte bien la figure et le drame de boulevard ;

Mademoiselle Delphine Fix, une vraie soubrette qui joue les ingénues. Si elle savait chanter, elle serait une vraie Déjazet, moins les vertus cardinales, la foi, l'espérance et la charité ;

Mademoiselle Judith, Vénus avec les bras, et Pénélope avec plusieurs Ulysses ; la Gaussin de nos jours, un peu tragédienne, un peu plus comédienne, et beaucoup amoureuse. Jules Janin-Pétrarque a fait deux mille sonnets en prose sur les bras de mademoiselle Laure-Judith.

Henri Delaage arrive du côté du Rond-Point ; il connaît tout le monde ; on ne le voit pas encore que déjà il vous tend les deux mains. Henri Delaage est un brave garçon qui fait avec esprit des livres sur les esprits et qui a l'air de croire à ses livres.

— Messieurs, s'écrie une voix forte, dont on ne voit pas encore la poitrine, Élisabeth est une reine calomniée ; c'est Marie Stuart qui est la honte de l'histoire, Marie Stuart qui était débauchée, fausse et impie : Élisabeth, c'est la catholique ; Marie Stuart, c'est l'athée; et le catholicisme, messieurs, ne l'oubliez pas, c'est le dix-neuvième siècle...

Cette voix et ce paradoxe sortent d'un bel habit bleu à boutons (de métal), lequel enclôt une grande intelligence, un esprit ingénieux et courtois qui s'appellent Philoxène Boyer.

— Rétif de la Bretonne, messieurs, c'est...

Mais Charles Monselet, le doux et aimable causeur, qui sait être, quand il le veut, un sanglant polémiste, est interrompu par Édouard Houssaye, qui donne le bras à Xavier Aubryet.

Ceux-ci sont deux chevau-légers, qui ont la belle folie des vingt ans jetés à tous les vents du plaisir. L'un a fait, dans L'ARTISTE, des *mondes parisiens* que son frère eût signés ; l'autre a ciselé les *Petites inégalités*, qui est un chef-d'œuvre de sainte-beuverie admirablement fouillé et disséqué. Tous deux ont assez fait pour leur gloire : ils vivent leurs vingt ans radieux, encadrés de têtes blondes et brunes et de soupers spirituels. Ils disent leurs livres au lieu de les écrire.

Mais voici Paul de Kock, toujours morne et grognon, grondant son éditeur, son imprimeur, sa bonne, son frotteur, ses amis, son portier, sa laitière et le bon Dieu, et se grondant lui-même quand il n'a plus personne à gronder ; Paul de Kock, enfin, aussi triste et morose que ses lèvres sont gais ; triste comme l'était Molière et comme le sont tous les grands comiques. Paul de Kock est un talent véritable, naïf et fécond, peut-être un des plus réellement observateurs du siècle.

Il est l'Homère de toutes ces existences d'employés et de commis — murs mitoyens de la société — qui, en pantalon blanc, habit court et cravate rose, vont bras dessus et bras dessous, avec les beaux de la calicoterie et les belles de la couture et de la lingerie, chanter le gai dimanche du bon Dieu sous la tonnelle verte des restaurants d'Auteuil.

Paul de Kock est une grisette comme elles fleurissaient en 1830 : naïve, curieuse, bavarde, faible en grammaire, forte en divorce ; émaillant ses longs récits avec les fleurs de cette poésie populaire qui est la sœur de la beauté du diable ; pleurant quelquefois — à l'Ambigu ; — riant toujours — parce qu'elle a les dents blanches ; — ne s'occupant pas du style : — qu'est-ce que ses amants en feraient ? — le cœur à trente-deux sous, jolie à croquer sous son petit bonnet de rien du tout ; une véritable fille du diable et du bon Dieu, avec le bon rire des dix-huit ans, la robe peu fermée et le cœur à l'avenant.

On a cherché le Molière du dix-neuvième siècle : pourquoi ne l'a-t-on pas cherché dans Paul de Kock ? on l'y eût trouvé peut-être.

Voici Lisbeth Karr, qui s'appelle comme Alphonse

Karr, et qui n'a de parenté avec celui-ci que celle que la beauté a avec l'esprit ;

Juliette la Marseillaise, pauvre fille qui n'a pas peur des malédictions de son père ;

Rosi et Letellier, Olympe et Clara Blum, Adèle Courtois, la Hollandaise, aux appas rembranesques ; elle ressemble à une tulipe de Harlem ; Julia l'Italienne, aux yeux d'enfer ; la d'Anglemont ; — pends-toi, Privat !

Louise Paillard, au nom rabelaisien, et Bibi Duvergier, et Bébé Sabatier.

Voici mademoiselle Luther, la plus blonde des jolies et la plus jolie des blondes, qui fuit le Gymnase, où est madame Rose-Chéri — une rose trop chérie.

Voici mademoiselle Nathalie, de la Comédie-Française, une vraie nature de théâtre, ardente, passionnée, toujours jeune — depuis longtemps ;

Mademoiselle Théric, la plus jolie entre les plus jolies, qui a l'esprit des roses ;

Augustine Brohan, la verve, l'esprit et la poésie de la Comédie-Française ; qui est poëte comme la poésie et spirituelle comme Chamfort ; nature de sainte Thérèse versée dans la Béjart.

Quelques Américaines portent d'autres noms connus dans le monde des chevaux : c'est Constance

Maréchal, Anita Raynal, Ophélia Nugeac, Nini Bertin.

Voici M. de Salvandy, le clair de lune de Chateaubriand, mais un grand et noble cœur.

Ce grand, gros et doux vieillard, c'est Brisset, de la *Gazette de France*, qui met tous les jours, dans ses premiers-Paris, plus d'esprit qu'il n'en faudrait pour faire vivre vingt *Corsaires*.

Voici Louis Ulbach, un homme utile et agréable à la *Revue de Paris*;

Gérard de Nerval, en paletot poussière, la barbe légèrement frisée, les yeux doux et mystiques, revenant de Tombouctou et partant demain pour Bagdad. Gérard de Nerval est simple comme le génie, poëte comme l'amour et voyageur comme l'hirondelle.

Voici Charles Baudelaire, le plus implacable des tristes, comme l'appelle Philoxène.

La comtesse Dash, toujours belle et toujours jeune dans ses romans, donne le bras à Alexandre Dumas, flanqué de Méry perdu dans son esprit et dans six paletots sous lesquels il grelotte;

Clairville — un Alexandre Dumas qui est resté *queue rouge*;

Alfred de Vigny, la poésie couronnée d'étoiles;

Altaroche, qui a eu l'esprit de faire fortune à l'Odéon!

Commerson, ce Rabelais qui a bu du vin bleu;

Barrière, le plus littéraire et le plus réel talent de la société des auteurs dramatiques;

Louis de Cormenin, une plume ardente, aux effets inattendus et aux jeunes splendeurs; pâle, brun et maigre;

Venet, un homme d'infiniment d'esprit, trop peu connu, auteur des *Mémoires de madame Saqui* publiés par l'*Éclair*, et autrefois rédacteur en chef de l'*Étoile*, une feuille qui a filé;

Édouard Plouvier, un poëte fantaisiste comme le soleil:

Duvert et Lauzanne, les ombres d'Arnal.

Toutes ces célébrités passent. les unes en briska, les autres en coupé, les plus humbles et les plus fantaisistes à pied, tous voiturés par leur gloire ou leur originalité.

Le flot des promeneurs s'éclaircit, le soir arrive, les calèches vont dîner.

Polichinelle ferme son rire pour le rouvrir demain, s'il plait au soleil; les cafés chantants préparent leurs demi-tasses et leurs robes roses.

Quelques retardataires, peu pressés de dîner, descendent encore à pas lents les larges trottoirs de l'avenue.

C'est M. Philarète Chasles, un humoriste, marchant le nez en l'air, le chapeau à la main; talent

original, trempé dans la lune d'Allemagne et ai-
mant le soleil, achetant pour 1,800 fr. de gants
quand il a des billets de banque, et payant peu ses
secrétaires ; homme fantasque, capricieux comme
une femme, vagabond comme un rêveur et charmant comme un poëte.

C'est M. Marmier, un habitué de la galerie d'Or-
léans, au Palais-Royal, qui a voyagé comme Jacques
Arago, et qui écrit quelquefois ses voyages comme
un homme d'esprit.

C'est Talin, le caricaturiste, un des héritiers de
Gavarni.

C'est Jules Lecomte, dont l'esprit court le monde
— le dimanche — et toujours.

C'est mille autres que j'oublie; c'est Angelo de
Sorr, un charmant garçon et un lugubre fantaisiste,
auteur du *Mariage à l'arsenic*.

C'est Villemessant et Jouvin, les héritiers de
Beaumarchais.

C'est Marc-Fournier, le directeur de la Porte-Saint-
Martin, qui fait une pièce quand il a besoin d'un
succès.

C'est enfin tout ce que la littérature et l'art dramatique ont de connu, de célèbre et de glorieux.

C'est le cerveau de Paris, cette tête du monde
qui vient, les jours de soleil, dans l'avenue des
Champs-Élysées, s'ouvrir ou se reposer dans la lutte

des discussions ou dans la douce quiétude des causeries intimes.

Au pied de l'obélisque sont arrêtés quelques vaudevillistes ; Guénée, le bras droit de M. Mouriez, un directeur bourru ; Albert Monnier, le bras gauche de M. Hiltbrunner ; Alexandre Flan, plus malin que le vaudeville.

Eugène Firmin, auteur d'un très-beau drame inédit sur Gilbert, et qui porte un nom prédestiné au boulevard du crime ;

Mademoiselle Valérie, qui a une petite voix en lame de canif et des yeux idem ;

Mademoiselle Adèle, une colombine qui joue les arlequins ;

Mademoiselle Dubuisson, un jeune homme ravissant ;

Mademoiselle Rey, un pastel de Louis XV qui n'ira pas aux marchands de bric-à-brac :

Puis, plus loin, Ferdinand Dugué, avec son profil cornélien, qui dit tout son talent et tout son cœur, chemine, rêveur et solitaire.

Voici Aurélien Scholl, le funèbre ciseleur de Moab, Scholl, fantasque comme son nom, un des plus heureux hardis des jeunes ;

Maxime Du Camp, un poëte qui a vu beaucoup d'hommes et qui est resté noble et bon ; il a rapporté de ses voyages une goutte d'eau du Gange sacré et un rayon du soleil d'Orient qu'il a mis dans son style ; Jean-Marc est le frère d'Obermann ;

Eugène Wœstyn, qui a de Balzac les ardeurs, les innovations et les recherches de la phrase ;

Pierre Dupont, un pâtre chanteur, dont les vers ont le parfum des prés coupés et l'haleine forte des bœufs mugissants ; — réclamiste et poëte, il est un Gaudissard fouetté dans un Béranger ;

M. de Mars, Gustave Planche, moins l'audace.

M. Véron, qui a l'esprit des gens qui dinent bien et qui disent bien ;

M. Roqueplan, le roi des rats ; M. Alphonse Esquiros, qui a versé dans le fourneau de son talent l'huile de la politique sur le feu de sa poésie ; — le fourneau a sauté. Madame Adèle Esquiros ; poëte comme une femme, elle écrit comme un homme ;

MM. Emile Deschamps, Thomas Corneille ;

Antony Deschamps, Pierre Corneille ;

Louis Veuillot, un Jean-Jacques Rousseau de sacristie ;

Toussenel, qui écrit sur l'Esprit des Bêtes comme un homme d'esprit qui est une bête ;

Auguste Barbier, qui a été poëte pendant quatre-vingt-deux vers, comme Gœthe pendant quatre-vingt-deux ans ;

Henri Monnier, Hoffmann en garde national ;

M. Guizot, qui vit avec une tache d'encre' sur la conscience ;

Armand Barthet, un moineau franc égaré dans le sein de Lesbie';

M. Victor de Laprade, un poëte contemplatif, c'est-à-dire passif : il ne chante pas, il regarde ; il n'élève pas l'âme, il l'engourdit.

Auguste de Vaucelle, auteur de *Bleuets et Soucis*, et dont la muse a les bleuets du printemps dans les yeux et les soucis de la pensée autour du front.

Madame Claudia Bachi, peintre et poëte, auteur des *Phalènes* et de la *Plume et l'Épée*, deux des plus émouvants volumes de vers tombés du cœur d'une femme.

Madame Claudia Bachi est une nature fière, radieuse et contenue, coupée par Dieu dans le même granit que celle de George Sand. — Ses yeux sont aussi beaux que ses vers, mais ses cheveux sont plus beaux.

M. Augustin Thierry, le Christophe Colomb de l'histoire au dix-neuvième siècle.

Couvrez-vous, messeigneurs, la république des lettres est passée.

XVII

Les Champs-Élysées le dimanche.

C'est dimanche et il fait soleil.

C'est la fête des boutiques, des magasins et des robes roses.

C'est le jour où la modiste de la rue Vivienne, la fille de portière de la rue du Temple, la fille d'employé de la rue de la Vrillière, la fille de rien du tout de la rue Dauphine et le commis de nouveautés, folâtre et galant, vont cueillir des matelotes dans les prés qui avoisinent la Seine, où vous cherchez qui nous mène, chères brebis.

C'est le jour où les dandys à vingt-cinq sous mettent une cravate bleue et des gants suède, où les pères de famille prennent leur foulard de soie, où les nymphes culinaires vont manger en poulets rôtis les recettes de la danse du panier, c'est le jour où l'on part joyeux avec un cœur et des volants frais, et dont on revient avec la vertu et la robe endommagées, que l'on raccommodera le lendemain, de telle façon qu'il n'y paraîtra plus — pas plus à la vertu qu'à la robe.

Les Champs-Élysées, le dimanche, ont une population qu'ils n'ont jamais pendant la semaine.

C'est une famille entière qui, ce jour-là, va dîner au restaurant.

Elle vient de la rue Saint-Louis au Marais, manger une gibelotte, en plein air, assaisonnée de poussière, à la table attrayante d'un marchand de vin de la barrière de l'Étoile.

Elle est composée du père, qui a l'air grave et des gants bruns ; de la mère, qui est vertueuse ; de l'enfant qui est mal mouché, et du petit chien, qui a la queue en trompette et l'air philosophe.

Le père pense aux événements politiques, la mère à la hausse du sucre, l'enfant au pain d'épice et le petit chien à mille choses qu'il ne dit pas.

Derrière eux, des moustaches blondes donnent le bras à un mantelet de dentelles qui frissonne d'aise sur sa robe fraîche.

Les robes se froissent, les gants se déchirent, la vertu se raccommode, les employés prisent ; les mamans de vingt-cinq ans soupirent, les mamans de cinquante ans grondent ; les papas éternuent, les moutards veulent voir Polichinelle; les sapeurs-pompiers prennent la taille aux petites bonnes; un enfant tombe les mains dans une flaque d'eau et s'essuie au pantalon blanc de son papa; les marchands de coco crient : A la fraîche! qui veut boire! les marchandes de plaisirs : Voilà le plaisir, mesdames; de charmantes jeunes femmes se trouvent mutuellement fagotées; les jeunes prennent l'air digne, les vieilles l'air folâtre; quand on les regarde, elles vous trouvent insolent, quand on ne les regarde pas, elles vous trouvent bête; des amis se rencontrent, se serrent la main et se quittent pour s'abîmer mutuellement; le petit commerce passe, l'arrière-boutique parle politique, le comptoir parle littérature; un monsieur chauve trouve les cheveux longs ridicules et un jeune homme imberbe les longues barbes incommodes; l'amour se presse les hanches, l'amitié se frotte les ongles, le dévouement compte les intérêts à quatre pour cent, la générosité met son cœur en bouteille, la richesse met son esprit sous cloche, la pauvreté fait patte de velours, la misère fume la pipe du cynisme à travers les robes de soie et les cachemires; ceux qui ont de l'argent s'amusent, ceux qui n'en ont pas envient; la morale demande son compte, le soleil chauffe sa chaudière, tout le monde rit, — et le diable aussi.

Une chose qui me jette toujours dans un étonne-

ment profond, quand parfois je m'égare aux Champs-
Élysées le dimanche, c'est la quantité innombrable
de cuisinières qui fleurissent à Paris.

Le monde du dimanche aux Champs-Élysées est
un monde à part, le monde qui vous rapporte
deux sous oubliés sur son comptoir, et qui vous
vole vingt francs sur sa marchandise, le monde qui
veut que son fils prenne un état, qui met à la
caisse d'épargne, qui croit que les journalistes se
nourrissent d'enfants nouveau-nés, et que l'État n'a
pas de secrets pour lui.

C'est ce monde-là qui mange les peaux de chats
à la sauce piquante, les canards aux navets, la
poussière du Rond-Point, le pain d'épice aux aman-
des, les improvisations du marchand de crayons
avec son casque, et les macarons en papier d'em-
ballage.

Ce monde-là croit que la loueuse de chaises est
une pauvre femme qui n'a pas le sou ; il se mo-
querait de vous si on lui disait que cette loueuse de
chaises a donné cent mille francs en dot à sa fille,
mariée à un des premiers droguistes de la rue des
Lombards.

Ce monde-là rit comme les gens qui ne rêvent
pas, parle comme ceux qui ne lisent pas ; le dimanche il déjeune à la maison, part à midi pour
être à deux heures aux Champs-Élysées, se pro-

mène au soleil pendant trois heures, va dîner à la barrière et revient à neuf heures du soir se raconter les événements de la journée dans un café des boulevards. Heureux les pauvres d'esprit, le royaume du bonheur est à eux.

XVIII

Un souvenir des montagnes.

Dans l'avenue qui commence à l'angle de la rue des Champs-Élysées pour conduire à Beaujon, dorment dans les feuillages quelques magnifiques façades d'hôtels, au milieu desquels sourit une charmante villa. Cette villa, blanche et joyeuse, noyée dans les fleurs et dans les arbres, appartient à un ex-négociant de Rouen nommé M. Sibiel. A deux pas de la grille de cette villa repose une ombre de métairie devant laquelle je me suis souvent arrêté pour rêver de longs rêves de pâturages suisses et de vaches plantureuses.

Un parc touffu, inculte comme la nature et silencieux comme une forêt, environne cette cabane, qui porte sur les flancs ce simple et savoureux prospectus : lait de chèvre.

Quelques arbres touffus, un sol négligé, du silence, et cette cabane ; — c'est tout.

Mais ce petit coin de parc a un parfum de prés coupés et de vaches qu'on trait le soir dans une gorge des Alpes, parfum qui jette le passant dans une douce extase de verdoyants souvenirs et d'agrestes aspirations.

Quand je m'arrête devant cette cabane toujours silencieuse et déserte, je m'isole du Paris bruyant, ennuyeux et ennuyé, et je vois luire à l'horizon les neiges des montagnes aux irradiations des aurores ; j'entends chanter dans les vallons, entre les sapins et les glaciers, le pleur mélancolique du cor des montagnards. Le ranz des vaches me monte au cerveau, et la nostalgie des pays entrevus et perdus donne à mon cœur le mal de dents des voyages impossibles.

Oh ! les glaciers et les forêts !

Oh ! la chanson du pâtre, sur les monts, près de Dieu, loin des hommes !

Oh ! la légende des montagnes, où vivent, libres et fiers, ces trois grands vagabonds : le chamois, l'éclair et l'avalanche ; où les neiges éternelles boivent la coupe des rayons infinis aux lèvres du soleil ; où l'homme se sent petit devant Dieu et grand dans l'amour ; où l'âme s'extasie et se recueille dans le cénobitisme des pensées hautes et nobles, entre

les mugissements des pins tordus par les tempêtes
et le soupir attendri des fontaines sous les gené-
vriers!

Oh! ma vie au soleil à travers les bohèmes
Dans le splendide avril de mes illusions,
Mes vingt ans radieux secouant leurs poëmes,
Aux marges des grands bois baignés de visions.

Ma vie ardente et libre, aux fiers vagabondages,
Avec la harpe au dos, et puis, la liberté;
Comme un mousse joyeux chantant dans les cordages,
Quand la mer lumineuse assouplit sa fierté;

Toute cette épopée ardente et vagabonde
Que sculptaient mes vingt ans sur la terre et sur l'onde!
— Poëme de soleil par la pluie achevé. —

Tout un monde d'azur, de neiges et de grèves,
Que je vois maintenant accroupi dans mes rêves,
Morne comme un forçat à son boulet rivé.

XIX

A une fenêtre des Champs-Élysées.

Je suis las de ce voyage.

J'ai le mépris des hommes, je veux retrouver Dieu, et je me sauve dans l'amour.

O fenêtre de ma bien-aimée!

O fenêtre d'où je regarde la vie pour la trouver moins laide, fenêtre d'où je vois tout en beau, parce que la lumière dont tu m'inondes vient de ses yeux.

O fenêtre! je te salue et je te bénis!

J'ai passé bien des nuits, les pieds dans la neige et le cœur dans la flamme, à te regarder luire.

O fenêtre! c'est toi qui encadres les longs cheveux opulents et les joues pâles de ma bien-aimée.

Derrière tes rideaux vit la vie de ma vie.

Je vois, calme, au travers de la lutte depuis que tu es mon étoile.

Celle que mon regard devine dans le reflet de tes carreaux, c'est la grande dame qui a oublié son blason pour aimer un poëte qui passait; c'est la reine dont je suis l'amoureux, inconnu de tous, excepté d'elle; c'est la Muse que je chante seule, depuis que j'ai clos ma lyre pour le public, auquel je ne jette plus que ma prose.

O fenêtre de ma bien-aimée! je te salue et je te bénis!

Celle que tu caches a mis pour toujours sa main dans ma main, et moi j'ai mis mon cœur dans son cœur.

Elle est belle comme l'Orient, enviée comme l'or, admirée comme le soleil.

Pour les autres, elle est fière comme l'orgueil, pour moi elle est douce comme l'amour.

Nous avons mis nos baisers dans le jardin clos du mystère.

Nul ne sait que nous nous aimons, hors Dieu, la lune et mes vers.

Et j'ai fait de ma vie un livre que j'ai jeté sur ses genoux pour qu'elle y écrive ce qu'elle voudra.

Car mon cœur n'est plus à moi, je l'ai mis dans le sien; comme cela, nous n'en avons plus qu'un, et c'est elle qui l'a.

O fenêtre de ma bien-aimée! je te salue et je te bénis!

XX

Conclusion.

Mon voyage est achevé.

Ai-je appris quelque chose à mes lecteurs? Non.

Je n'en ai eu ni l'intention ni la prétention. Au lieu d'aller à Tombouctou, comme Gérard de Nerval; à Munich, comme Théophile Gautier et Alfred Busquet; en Hollande, comme Gaiffe; à Vichy, comme M. de Pontmartin; à Constantinople, comme Louis Énault; à Batignolles, comme Auguste de Vaucelle, moi j'ai fait un voyage aux Champs-Élysées. J'y ai trouvé le génie, la grâce, la beauté, l'esprit et la bonté; j'y ai trouvé l'amour au Rond-Point dans un trombone, la gloire de la France à l'Arc-de-Triomphe de l'Étoile, dans un morceau de marbre; j'y ai serré la main à un ou deux amis, j'y ai pardonné à beaucoup d'ennemis, j'y ai vu Polichinelle rire de tout, et les arbres verts consoler de tout; j'y ai rencontré enfin, comme partout, la grande comédie humaine, avec son double masque de larmes et de rires.

Et maintenant, je vais retrouver dans ma cellule mes trois grands amis : Mozart, Molière et Rembrandt.

Dieu, donne à mes lecteurs une belle maîtresse et de bon vin!

Dieu est Dieu, l'Amour est son prophète.

————

TABLE

—

PARIS. — TYP. SIMON RAÇON ET Cⁱᵉ, RUE D'ERFURTH, 1.